SAID

Psalmen

Der Autor dankt der Herbert-Quandt-Stiftung für die finanzielle Unterstützung, ohne die dieses Buch nicht hätte entstehen können.

SAID: e-mail: 1said@gmx.de

Gesetzt aus der Egyptienne im Verlag C.H.Beck
Druck und Bindung: Pustet, Regensburg
Gedruckt auf säurefreiem, alterungsbeständigem Papier
(hergestellt aus chlorfrei gebleichtem Zellstoff)
ISBN 978 3 406 55750 7

www.beck.de

SAID

Psalmen

Mit einem Nachwort
von Hans Maier

C.H.Beck

denn ich befreie dich von grausamen göttern,
und wir gehen zu einem gott, der uns gehört

gabriela mistral

herr
du kannst alles anbeten
neben mir
denn ich habe den anspruch der einzigartigkeit
aufgegeben
um nicht im eigenen licht zu erstarren
und ich bitte dich oh herr
verrate mir alle deine namen
auch den letzten
den verborgenen

herr
entzweie dich
für den abtrünnigen der ich bin
für meine zornlosen hände
für meine selektive treue
die alles verrät
bis auf träume und gebete

herr
laß uns das gespräch wieder aufnehmen
nach langem erzwungenem schweigen
nachdem du deine geschöpfe denaturiert hast
in auschwitz
in hiroshima
in halabtsche
in srebrenica
gehst du nun auf die knie vor den opfern?
und vor den tätern auch?
und glaubst du
daß wir die versuchung zu einer noch radikaleren
liebe überstehen
ohne dein wort?

siehe oh herr
ich singe kein lob auf dich
ich suche dich
mit meinen gliedern
die ich eigens für dich gezüchtet habe
denn ich will über dein wort wachen
auf daß die liebe neu entdeckt werde
und wir unsere wildheit zurückgewinnen

herr
laß mich eine wasserlache sein
die deinen himmel spiegelt
und deine gebete murmelt
damit mich auch die zikaden verstehen
erscheine oh herr
selbst wenn du keine wahl hast
als den steilen weg des blutes
und nimm die flüchtlinge auf
weil jede flucht in deinem auge endet
selbst wenn der flüchtende in seiner not dich vergißt
denn nur wer an dir zweifelt
sucht dich

herr
erscheine nackt mit brot
und schaffe die farben ab
damit der mensch sich nie mehr verirrt
aber erscheine
ehe supermärkte dich auf dem wühltisch
verramschen
und handys zu göttern mutieren
erscheine als gesetzloser analphabet
bleib ohne licht und verführbar
aber beeile dich
denn selbst der wind versagt uns die täuschung

herr
eile und vermenge die zeit mit dem raum
damit die raserei ein ende findet
lehre uns die demut des tigers
wenn er sich des nachts dem mond unterwirft
die großmut des löwen
wenn er seine verdauung genießt
ohne das getier unnütz zu reißen
die weisheit des esels
wenn er mit gleichmut die last der fremden trägt
ohne seine haltung zu verlieren
und schenke uns die einfältigkeit der margeriten
die sich auf jeden frühling freuen
ohne an den herbst zu denken und seine raffgierigen
finger

herr
zögere
bevor du eine neue schöpfung wagst
schaffe diesmal mehr tiere und pflanzen
so daß der mensch als besiegter überlebe
hindere uns
in das geheimnis der nelken einzudringen
denn wir sind unfähig
mit solcher erkenntnis glücklich zu werden
aber verbinde uns mit dem gras der steppen
mit der gischt der meere
und belächle unseren durst nach vollkommenheit
der deiner nicht würdig ist

herr
gedenke der blindschleiche und des regenwurms
wenn dich die hybris überkommt
gedenke auch des narziß
und versöhne ihn mit seiner pfütze
lächle
damit deine gerechtigkeit erträglicher wird
meinen träumen standhält
ohne meine mutter zu vergessen
bedenke oh herr
du bist nichts ohne unseren körper
so gewahre unsere haut unseren schweiß unseren kot
damit du in deiner einsamkeit
zu keiner kirche erstarrst

herr
breite deine arme aus
und bewahre uns
vor dem heer deiner beschützer
stehe den wanderern bei
die die gabe des hörens nicht verloren haben
und horche in ihre einsamkeit
stehe auch denen bei
die bleiben und auf dich warten

herr
zweifle an uns
denn wir sind zuversichtlich
mit unseren erkenntniszahlen und unseren geräten
und haben das zweifeln verlernt
laß uns auch wahrheiten glauben schenken
die außerhalb unseres blickfeldes wachsen
denn jede zahl gebiert irgendwann
einen moloch
der uns beizeiten auffrißt

herr
achte auf deinen namen
den ich für dich erfunden habe
er entstammt dem inneren der dinge
und soll in unseren eingeweiden wühlen
schenke den liebenden dein licht
denn sie haben kein anderes
siehe wie ihre augen leuchten
wenn sie dich und die welt verneinen
stehe ihnen bei oh herr
schenke ihnen und ihren leibern gehör
damit du mehr lernst von deinen geschöpfen
segne den schweiß ihrer leiber
und die spucke ihrer münder

herr
bete
bete laut gegen den lärm der menschenhand
der dich überstimmen will
und erscheine auf leisen sohlen
damit wir deine schritte begreifen
strenge dich an
unsere gebete zu erkennen
selbst wenn sie in einem anderen gewand erscheinen
denn kein gebet löst sich je von der herkunft des
betenden

herr
nimm die sprache an
in der ich zu dir bete
gewähre mir die gebärden
die mir in deiner abwesenheit gewachsen sind
damit ich meiner unbelehrbarkeit treu bleibe
und deine schwächen hinnehme

herr
stehe meinen freunden bei
daß sie mich ertragen
ohne mich zu verleugnen
daß sie mich lieben wegen meiner schwächen
und mich ermahnen
wenn ich mich stark fühle
und stehe ihnen bei
daß sie das eine vom andern unterscheiden

herr
achte auf dein wort
damit mein wort gedeiht
über mich hinaus
und suche für uns den wind
der den norden mit dem süden verbindet

herr
begreife
ich will nicht unterworfen sein
nicht durch das wort nicht durch das schwert
so laß zu
daß ich mich liebe
damit ich dir ergeben bleibe
und fürchte dich nicht vor meinem wort
denn es sucht dich mit mir zu verbinden

es ist an der zeit oh herr
daß du der rache abschwörst
um unser gedächtnis zu retten
so verkünde
daß die reinheit nicht die schwester der wahrheit ist
und respektiere endlich meine winterlügen
verzeih oh herr
denn der mensch ist ein ungewärmtes wesen

siehe herr
wo früher dein name wohnte
hausen nun die freßwütigen
die keinen hunger mehr
und keine eigenen schritte haben
weil sie hinter dingen herlaufen
die sie nur besitzen können
ihre eitelkeit frißt die erde kahl
und verkennt deine stimme

herr
stehe mir bei
daß ich meine brüche
durch meinen körper trage
bevor ich sie auf meine zunge verbanne
und hilf mir widerstand zu leisten
gegen den staat und seine reflexe
aber steh mir bei
daß ich rache nicht mit gerechtigkeit verwechsle
und niemals über meine hand verfüge

herr
stimme mir zu
daß jeder körper heilig ist
und so auch seine regungen
daß zwei umschlungene körper sich niemals
beschmutzen
und steh mir bei
damit ich teil dieser bewegung bleibe
um dir näherzukommen

herr
du sollst stets wandern und dich nirgends
niederlassen
denn es gibt keine behausungen mehr
nur schritte
sei laut und eindringlich
nimm teil an mir und meinen regungen
geleite mich
bis hin zu deinem brot
damit mein wort erwache

herr
bedränge mich nicht
mit deinen gebeten und geboten
verbleibe stumm in rufweite
und kämpfe mit mir gegen die müde vernunft
und für eine schönheit
die auch diese grenze überschreitet

siehe oh herr
meine feinde haben sich zurückgezogen
nachdem sie sich an mir satt gegessen haben
übriggeblieben ist eine legion von zwischenrufern
die sich hinter deiner fassade verschanzen
verschaffe mir neue feinde mit einer eignen sprache
herr
meine freunde haben es verlernt zu sterben
und verlieren ihren gang
so hilf mir oh herr
provisorisch zu bleiben
damit meine trauer ihren rhythmus nicht verliere

herr
bleibe bei mir
selbst wenn ich mich von asche und salz ernähre
schweige und höre auf jeden namen
den ich dir verleihe
denn ich will dich von den götzen trennen
gib mir die geduld die eitlen zu ertragen
mit ihren leeren worten
und die konvertiten
die bestrebt sind ihr gegenteil zu bestätigen
und gib
daß mein warten voller revolte sei

herr
wenn du erscheinst
schaffe den kalender ab
verstelle dich
und erscheine als verführung
um unsere leidensfähigkeit auf die probe zu stellen
gib mir die kraft
die verblendeten von den blinden zu unterscheiden
um keinem von ihnen ungerecht zu werden
und laß einen fluchtraum zwischen uns
auf daß diese liebe länger dauere

siehe die passanten oh herr
die an dem bettler vorbeigehen
welches rätsel wollen sie dir aufgeben?
bete zu uns
finde dich ab mit unseren gebrechen
denn erst dadurch werden wir schön
und bedenke
es ist unser licht
das an dir nagt

siehe oh herr
ich bewege mich zu dir
ohne dich anzusprechen
denn das wort birgt die gefahr in sich
das gewissen zwischen uns zu verlagern
so achte auf mein schweigen
es ist rand und mitte zugleich
eine furt zu dir
und rettet mich vor dem abgrund in mir
der so nah ist
daß er unsichtbar bleibt und blendet

siehe herr
ich gehe zu einem baum und küsse seinen stamm
in ehrfurcht vor seinem alter und seinem wirken
und ich bete dich an
ohne einen beweis für deine existenz zu suchen
in meiner hütte herrscht ein einfaches licht
nachts gehe ich fort
und lege mich auf die erde
ohne angst ohne verlangen

herr
laß mich offen sein zu dir
deine blöße wird etwas finden
womit sie sich bedeckt
siehe herr
ich teile meinen kummer mit jeder ameise
die ich zertrete
und meine freude mit jeder wolke
die ich nicht berühre
und ich lasse mich von dir nicht täuschen
mein gebet sucht dich und führt mich weiter

herr
wenn du ankommst
werden wir licht sein
brot und wasser
der tisch ist gedeckt die tür geöffnet
komm und setze dich zu uns
befreie mich vom glauben
daß du nur aus der ferne treu bist
und sprich mit mir
in der unbedrängten sprache der tiere
die uns von weit her auflauern
mit ihrem unverfälschten hunger

herr
rühme mich
denn ich habe viel ausgehalten
ohne ein zeichen von dir
vielleicht bist du nur das echo von meinem schrei
doch dann hilf mir
aus meiner klage ein lied zu machen
an dem sich kommende fremde erwärmen können

fürchte dich nicht
oh herr
vor meinem herzen
und seinen ausschweifungen
preise die barfüßigen
wenn sie mit ihren lügen glänzen
das ist ihre einzige bleibe
sei schatten für den
der dich sieht
und sonne für den
der dich sucht

herr
rufe deine engel mit ihrem klirrenden stolz
in den himmel zurück
und laß auf der erde brotkrumen für uns
siehe herr
ich lobe dich
bis du auf der erde bist
nah bei mir und dem gras
siehe
die rose betet und wartet auch

herr
bete
daß wir dich erkennen
wenn du erscheinst
schaffe die zwischengötter ab
mit ihren allüren und ihren tageswünschen
versiegele deine häuser
und fürchte nicht unsere nacktheit
laß die zypressen deine gesandten sein
denn sie können aufrecht stehen und flüstern
und versuchen nicht den wind zu bekehren

siehe herr
ich bewege mich
du brauchst nur standhaft zu bleiben
schweige
damit du mich hörst
und die stimmen der anderen
die in deiner abwesenheit leiser geworden sind
herr
ich weiß nichts von dir
und bin doch voller verlangen
ich will nur
daß du an mich glaubst
auch wenn du von mir alles weißt

herr
schütze meine freiheit
selbst wenn sie dich aufzuheben sucht
und bedenke
nicht das licht und seine brechungen
verdrängen dich
sondern der schatten deiner abwesenheit
so stehe mir bei
wenn ich die glieder ausstrecke
und zum verräter werde
ich will nur meinen eigenen gang finden
der zu dir führt

herr
reiße sie nieder
jene membrane zwischen uns
aus atem und lüge
laß mich laut und überheblich sein in meinem gebet
damit du aufwachst und
meine gelüste begleitest
denn ich will dein werk betrachten
ohne falsch ohne rücksicht

herr
glaube an mein wort
sonst finden wir nie zueinander
und stehe mir bei
wenn ich deinen namen ausspreche
wie du dem küken beistehst
das aus dem ei schlüpft
um an dich zu glauben

herr
ich will die differenz nicht anerkennen
zwischen dem schöpfergott und dem erlösergott
dafür gelobe du
keinen unterschied zu machen
zwischen gottesfürchtigen und gottessuchern
und schaffe die frommen ab
die uns im wege stehen
denn sie betonen nur das trennende
vernimm mein täglich gebet
das ich stumm an die schönheit richte

herr
stehe zu mir und zu meiner einfalt
die mich zu dir führt
denn ich will die vertraulichkeiten der erde begreifen
sei keine flucht oh herr
aber ein gefährte
für kommende wege

herr
verlange nicht von mir
über den umweg der sünde
zu dir zu gelangen
vielleicht genügen uns meine abgründe
die mich zu deinen füßen führen
und sieh die vögel
die vor dem stein der kinder zum himmel auffliegen
als wären sie bestrebt
mich dir näherzubringen

herr
ich weigere mich
das gebet als waffe einzusetzen
ich wünsche es als einen fluß
zwischen zwei ufern
denn ich suche weder strafe noch gnade
sondern eine neue haut
die diese welt ertragen läßt

herr
rette mich vor den niemals weinenden göttern
die bald ohne mich auskommen
siehe
ich habe keine angst
mich schwindelt es nur
ich gehorche dem gang zwischen den dingen
bis ich beides eingefangen habe
licht und motten

herr
du bist kein haus
vor dem der tod lungert
kein fenster
durch das ich die welt betrachte
keine tür
durch die ich eintrete
du bist vielleicht ein kiesel
den ich stets in der tasche trage
siehe oh herr
ich bin dir nah

herr
ich glaube an die unordnung der dinge
und an einen gott
der uns mit seiner vernunft nicht erstickt
der auch die stille erträgt
ohne gebet und kerze
zweifle nicht an meinen händen
oh herr
denn sie bedrängen jegliche schönheit
bis sie dich begreifen

herr
kehre zurück zu mir
und schaffe eine neue sprache
denn ich weigere mich
zwischen dir und meinen regungen zu wählen
und an die freiheit nach dem tode zu glauben
nur um dich kennenzulernen
gib mir oh herr
eine neue freiheit
beredt und ohne tod

herr
schenke mir neue füße
damit ich weder krieche
noch irgendwen zertrete
und allein durch meinen gang dich preise
denn ich
der ich an die schönheit glaube
brauche einen verständigen gott
der mir sein geheimnis anvertraut

herr
bisweilen brauche ich deine abwesenheit
verschaffe mir einen zwischengott ohne worte
der mich anhört
bis ich die kraft gewinne
mehr als einer minderheit anzugehören
und den glauben verliere
eine mehrheit helfe gegen die dunkelheit
und gib mir die gelassenheit
mein exil zu ertragen
diese lange schlaflosigkeit
die mich mit meinem tod versöhnen will

herr
bewohne meine stille
bis du und ich
die gebärden der verstoßenen entziffern
erhöre mich oh herr
bis die gezeiten eine neue wahrheit bringen
rhythmisch und fremd
bis wir blind genug sind
für schaum und muscheln
taub genug
für winde und möwen

herr
ich weiß
ich bin nur ein bote
gib daß ich meine botschaft entschlüßle
ohne von meinem weg abzukommen
und eine frage bleibe
verbinde mich mit meiner zeit
der ich entlaufen bin
und verhilf dieser
mich wieder zu ertragen

herr
ich will keinen reißwolf
kein schlafkissen
nur eine lichtung
siehe
ich sitze im schatten deiner lügen
und harre aus
fürchte mich nicht und
nicht meine dreisten wünsche
gewähre mir einen zwischenraum
einen wortlosen raum der nähe

herr
gib mir die kraft zu reflektieren und zu verklären
denn ich suche dich
mit meinem fleisch mit meiner trauer
und wenn du zurückkommst aus der fremde
mit einem zerschlissenen gedächtnis
so sprich
ich flehe dich an oh herr
in der sprache der mütter
die auf ihre kinder warten

herr
gib daß ich unbelehrbar bleibe
mich vor der kompatiblen vernunft schütze
und deren postmodernen furien
so daß ich meine erregbarkeit nicht verliere
denn dann verlöre ich auch dich
höre auf mich
oh herr
nicht auf diejenigen
die auf dich hören
denn sie sprechen
von einer mischung aus gott und vernunft
nützlich und konvertierbar

herr
bleib ein stein der genügsamkeit
blindlings in die ordnung der subalternen geworfen
auf daß der katzenjammer der vernunft
die intelligenz der indifferenten nicht besiege
und rette mich
oh herr
vor abgerundeten fakten
vor allzu verständigen freunden
und vor schwindelfreien feinden

verscheuche
oh herr
die tagespropheten
die mich nur zähmen wollen
schaffe die gesetze ab
das stumpfe handwerk der gesättigten
und führe mich in eine landschaft
die meine zerrissenheit lindert
die mich anhört
ohne loyalität zu fordern

gewähre mir
oh herr
einen schönen tod
betäubend und blind
der meinen blick nicht verzerrt
verkleidet und verführerisch
ohne daß er seinen namen verrät

siehe oh herr
auf meiner wanderung bin ich gewachsen
und habe das flüstern nicht verlernt
gib daß ich das bindeglied begreife
zwischen dem folterknecht und dem gefolterten
daß der ort der ankunft sich wandle
durch meine flucht
und bete für mich
damit die häuser sich nicht verhärten
die ich verlassen habe

herr
mach mich unverletzbar
gegen gelächter von außen
und gelüste von innen
damit ich in eintracht leben kann
mit den gerüchten
die um mich hausieren
und gib mir die kraft
den mörtel der lüge nicht zu verkennen

siehe oh herr
ich trenne das gute nicht vom bösen
ich will beidem widerstehen
so gib meinen lenden kraft
damit ich ins fleisch meiner geliebten stoße
um dich zu preisen
wie auch ihr fleisch
deine herrlichkeit erfaßt
und beraube mich meines lächelns
wenn es je triumphiert

herr
gewähre uns
daß mein wort
geboren aus finsternis
dich versuche
und stehe mir bei
daß ich nie meinen hunger verliere
gib daß mein exil verlierbar bleibe
wie auch die heimat

herr
halte zu mir
bei meinen verschwörungen
gegen nüchterne götter
und deren geringe wärme
gib daß ich nie ankomme
denn jeder fremde
ist der gesandte jenes landes
wohin er aufgebrochen ist

herr
schenke mir gehör
denn ich will auch die gebete der anderen vernehmen
selbst wenn sie meine augen verletzen
sorge dafür
daß ich barfüßig bleibe und
auf meine eigenen schritte höre
mach daß ich meine zeit nicht überlebe
und sterbe
bevor mich die hybris verblendet

herr
wenn du erscheinst
bringe das tier mit
das meinen gelüsten entspricht
mit seiner nackten bestialität
seinen begierigen krallen
und seinen trüben augen

herr
schenke den verstummten deine stimme
so wächst dann
aus ihrer betrachtung die rebellion
und gib
daß ich diesem drang eine form verleihe
damit ich die unruhe der gischt
und das harren der grashalme begreife

herr
laß uns liebende sein
selbst wenn unser wissen wächst
und die wahrheit abnimmt
siehe oh herr
heiden und missionare fallen ins gras
und wachsen nicht mehr
auf dem blechernen fensterbrett laufen engel umher
stolz auf ihre nutzlosigkeit
und rufen neue götter aus

herr
wenn du fern von mir und verlassen bist
schweigst du dann?
verschweigst du meinen namen?
siehe herr
du und ich
wir sind eine wahrheit
wenn wir miteinander flüstern
so werden wir eine brücke sein
für die füße der liebenden

herr
ich glaube an das fleisch
seine verschwendung und seine unbelehrbarkeit
und wenn ich durch dieses zwiegespräch
deinen leeren platz erwecke
so bin ich voller hoffnung
daß unser gespräch ein gebet werde
für die einsamen

siehe oh herr
der mensch kann ein loch in eine mauer schlagen
und dieses anbeten
so laß uns an die dunkelheit rühren und
an das zerrissene fleisch der liebe
muß ich denn jeden einzelnen tag befragen
ob er sein licht von deiner hand empfängt
oder genügt es
wenn ich den tag und sein licht genieße?

herr
steh mir bei
daß ich den tod nicht fürchte
und in seinem gang etwas von jener ruhe entdecke
die mir im leben vorenthalten war
und gib daß diese ruhe
den gang meines tagewerkes bestimme

herr
mach daß ich im einklang mit meinen eingeweiden
lebe
denn ich kann weder mit gott
noch mit vernunft auskommen
ich brauche eine unwirkliche form des wirklichen
um die ausschreitungen meiner seele einzufangen
so erscheine oh herr
in einer vogelschar
damit ich lange brauche
um dich aus der menge herauszupflücken

herr
als ich die zersetzung des laubes begriff
und seinen willen
den gezeiten nicht zu entgehen
da suchte ich die zwiesprache mit dir
denn ich will die dunkelheit durchschauen
und den fassungsraum deines lichtes
siehe
ich betrachte die dinge
und deren leise fließendes credo

herr
wie viele zahlen muß ich noch lernen
bis zu deiner ankunft?
siehe
ich warte nicht
ich bete
so laß mich beides sein
bürger und wanderer
suchender und gesuchter
denn nur suchende sehen
und nur gesuchte finden

ich bete nicht nur zu dir oh herr
sondern auch zu wind und ebene
denn ich will
das gefälle zwischen dir und der natur verringern
damit du das gewicht meiner worte erträgst
siehe
mein wort belauscht die steine
um einen weg zu dir zu finden
so schweige und höre die gangart meiner sprache
die sich deinem schweigen unterwirft

herr
willst du ewig der unverfügbare bleiben?
oder wächst du mit meinem gebet?
so offenbare dich auch dem bettler
unter dem unbeteiligten himmel
der herrenlosen stute unter dem regendach
sei weg sei nacht
bis ich dem licht in die falle gehe

siehe herr
ich nahe wie ein wehrloser kontinent
der weder unterworfen noch gestreichelt werden will
mein kuß soll sie verbinden
den adler mit dem wurm
denn ich esse das brot der erde
und verrichte das werk der tage
mein gebet will aus der sprache heraustreten
und deine ruhe stören
so trage ich auf der zunge
meine flügel und meine abgründe

herr
schweige!
selbst wenn dir meine rede hochmütig erscheint
siehe
ich bin ein genügsamer einzelner
bis ich mit dem licht eins werde
und alles will ich mit dir teilen
auch die maserungen meines gebetes
denn das zerrissene licht ängstigt mich nicht mehr
als der lange schatten meiner taten
herr
brenne
damit dein licht uns entzweit
denn ich suche zuflucht bei dir
vor meinen wahrheiten

jemand muß für uns beten
oh herr
damit der fluch der leeren gebete aufhöre
laß uns auf ein neues licht warten
hernach könntest du auch in der gestalt
einer murmel erscheinen
dann brechen wahrheit und lüge an deiner
durchsichtigkeit
so wärst du ein sanftes tier
vor dessen mund die eiferer verstummen

herr
bevor die vernunft aufbricht
laß uns das dunkle suchen
in uns
die schmerzbahnen der triebe
bevor uns die irrungen der zivilisation verblenden
herr
gib mir eine neue haut
und überhöre nicht das gemurmel meines fleisches

siehe oh herr
ich rufe deinen namen
mit dem wehgeruch der felder
mit dem ruf des kiesels nach der mulde einer hand
sind wir dann nicht wie zwei tauben
denen man keine botschaft anvertraut?

siehe herr
meine demut und deine geduld
genügen uns
denn mein fleisch handelt
gemäß seiner verheißungen
so bewirk
daß ich dir gehorche
und den unmißverständlichen gesetzen der schönheit
auf daß meine brüche die leere aufwiegen
die du hinterläßt

herr
vertreibe den tod
und achte auf deine geschöpfe
denn meine unbändige hoffnung
glaubt an das unbedingte der rosen
und deren ständige metamorphosen
so siege oh herr
damit wir nicht besiegt bleiben

herr
ich bete zu dir
um meinen brüchen zu huldigen
denn ich kenne keines deiner geschöpfe
das nicht durch sein gebet zu sich heimgekehrt wäre
und laß mich dem gott der kindertage treu bleiben
der licht und linderung spendete
und uns erhörte im niemandsland
zwischen ankunft und flucht

siehe herr
ich habe immer so gelebt
daß ich etwas wegzuwerfen hatte
dennoch wenn die nacht mich befällt
verliere ich den glauben an die sonne
selbst das unverzagte ticken meiner taschenuhr
vermag mich nicht zu beruhigen
ich habe angst
die dunkelheit befällt mein wort
und dennoch oh herr
will ich eine wunde bleiben
für meine füße
und deine augen

herr
vielleicht muß ich in deine zaghaften träume
hineinbeten
damit du ein teil von mir wirst
dann begreife ich die leidenschaft der minze
die ihre abgeschiedenheit mit deinem namen füllt
gib daß ich mir meiner genügsamkeit bewußt werde
den tod als eine instanz verstehe
um meine freiheit zu begreifen

herr
ich suche dich
mach daß diese suche nie aufhört
siehe
sie bedrängen mich von allen seiten
die gottesbesitzer
doch befragen sie nie ihren gott
denn sie fürchten seine antwortlosigkeit
ich aber vertraue meinem gebet
dem alten brandstifter
der auf der suche nach einer neuen behausung
die alten häuser verrät

herr
rette mich vor den dingen die kein zeichen sind
und vor den worten die zeichen für dinge sind
mach daß mein leben quadratisch ist
mit klaren kanten
betrachte stumm mein begehren
dann wächst deine liebe zu mir
und laß meine vernunft provisorisch bleiben
damit sie im lichte der demut
auch andere ebenen erreicht

siehe herr
ich schweige nicht
aber bist du meines wortes würdig?
vielleicht schläft mein gott verborgen im gras
schweigt und betrachtet mich
ohne zu wissen
ob er mich liebt
während ich bete
bis du dein versteck verläßt
und meine füße suchst

herr
ein großes elend ist über mich gekommen
das wort hat mich überwältigt
so lehre mich schweigen
damit ich dich zu lieben beginne
und erbarme dich meiner
denn meine behausung ist auf gedächtnis gebaut
ich fürchte mich vor der geraden linie der logik
und verliere mich im mysterium des leibes

herr
suche mich
denn ich bin gefangen von dem wunsch
mir zu begegnen in deinem auge
mein gebet ist ein wagnis
um den jeweils neuen ort zu begreifen
so rette mich vor göttern
die sich mit zahlen und penaten vermengen
sie kriechen in jedes demokratische gehäuse
und können niemanden mehr trösten

herr
meine gebete sinken in die geräusche des tages hinab
und dennoch
sie fordern alle dinge zum gebet auf
siehe oh herr
ich brenne ohne meiner artgenossen zu bedürfen

herr
ich bete
um den abgrund zu überbrücken
den meine sprache zur welt geschaffen hat
dennoch sollte mein gebet
keine zwietracht säen
zwischen den liebenden
und eine sonde bleiben
um die tiefe meiner träume zu ermessen
denn ich will gerechtigkeit

herr
rufe deine namen laut und deutlich
denn hier auf dem globalen markt
versteigert man jeden
der schweigt
hier ist man bestrebt
den tod mit der vermehrung zu besiegen
das glück mit berechenbarkeit zu toppen
die wolken durchzunumerieren
die tauben gurrunfähig zu züchten
und das wachstum der bäume zu optimieren

sieh herr
wenn sich die engel vor deinem zorn gerettet haben
dann entledigen sie sich der augen und der flügel
fortan befragen sie jeden mond
nach einem gott
der schön ist und breschen ins meer schlägt
nasse pilger empfängt und
maulbeerbäume mit salzfischen versöhnt

siehe herr
noch irrt abel umher
auf der suche nach einem wort der erlösung
doch was immer er berührt
wird staat und bedrängt ihn
stehe ihm bei
bis er sein wort gegen sich kehrt
bis er sich selbst ergibt
und stehe auch kain bei
damit er seine wunde nicht vergißt und sein auge
öffnet

herr
hilf meinem wort
denn es ist seit jahren auf der flucht
vor meinen lügen
verhilf ihm zu neuen täuschungen
damit es endlich begreift
die flucht könne auch behausung sein
sieh herr
deine hände sind bereit für mich
denn ich frage die rose nicht
nach dem sinn des lebens
ihre aufgabe ist vielleicht sich zu entblößen
und in den tag zu scheinen

herr
achte auf den besiegten
auf den unrat seiner träume
und den rest seiner sprache
denn er wartet auf einen anderen tod
und will die ordnung der dinge
am ort von deren verwirkung suchen
und verrate mir oh herr
deinen verborgenen namen
für die stunde
die aus dem gang der dinge geraten ist
und für den moment
wenn die faktisten mich bedrängen

herr
habe ich ein recht auf diese gebete?
so verringere ihre kollateralschäden für andere
geschöpfe
denn ich verstehe mich nicht als täter
sondern als suchender
wie ein regenwurm im tiefschlaf
ohne eine ahnung von urknall und wolken

herr
hörst du das geschrei der menge?
sie haben einen neuen gott gefunden
aber auch der weiß alles
liebt es gedemütigt durch die welt zu gehen
rechnet und ruft
so ist auch er zum verzehr gezüchtet

Ein Nachwort

Psalmen sind alt. Teils verstreut in den erzählenden Partien der hebräischen Bibel, teils zu eigenen Büchern – dem Psalter – zusammengefaßt, reichen sie mit ihren Anfängen wenigstens drei Jahrtausende zurück. Da der Psalter in christlicher Zeit in die Liturgie und das Gebetsleben einbezogen und durch zahlreiche Neudichtungen erweitert wurde (so das Magnifikat, das Nunc dimittis, das Benediktus und die Psalmengesänge der Meßliturgie), umfassen die Psalmentexte jüdischen und christlichen Ursprungs insgesamt einen Zeitraum von dreitausend Jahren – wohl die umfänglichste Zeitspanne für ein noch in Gebrauch befindliches Textcorpus geistlicher Sprache überhaupt.

Psalmos (gr.) heißt Lied. Die griechischen Bibelübersetzer wählten dieses Wort der Musiksprache, weil die hebräischen Psalmen nicht nur gebetet, sondern auch gesungen, möglicherweise auch von Instrumenten begleitet wurden. Das klingt noch in Joachim Neanders deutschem Kirchenlied «Lobe den Herren» (1680) an: «Kommet zuhauf, Psalter und Harfe, wacht auf!» – «Die Psalmen waren ... Lied, Dichtung und Gebet zugleich. Aus dem Gottesdienst Israels hervorgegangen, wurden sie zunächst nur gesungen, im Gesang auch überliefert und erst nach einer langen Zeit mündlicher Überlieferung schriftlich festgehalten und gesammelt. Die Art des kultischen Psalmengesanges der alten Hebräer

kann heute kaum noch rekonstruiert werden, dennoch müssen wir uns diesen Zusammenhang mit der Musik und dem Gottesdienst vergegenwärtigen, wenn wir die Psalmentexte lesen.»[1]
Die Psalmensprache ist eine universelle Grammatik religiös inspirierter Dichtung. Sie bildet ein Muster für das nie endende, oft jubelnde und anbetende, oft angstvoll klagende, nicht selten auch zornig anklagende Gespräch des Menschen mit Gott. Psalmen sind zugleich eine der ältesten Formen der Verbindung von Sprache und Musik. Ihr Wortschatz umfaßt alle Bereiche des menschlichen Lebens – wir hören keineswegs nur hymnische Töne, Ausdrücke des Entzückens, der Verklärung, auch das Lastende, Bedrückende des Daseins kommt zu Wort. Die Psalmensprache ist der Prosa näher als der (traditionellen) Lyrik. Sie verzichtet auf den Reim (nicht auf die Assonanz, die Alliteration). Nimmt man hinzu, daß die Psalmen alle Erfahrungen, Gefühle, Stimmungen widerspiegeln, die Menschen unterschiedlicher Zeiten und Lebenslagen beim Blick auf den Himmel überfallen können, so wird verständlich, weshalb die Psalmensprache im Lauf der Zeit eine so erstaunliche Bestandskraft und Dauer, aber auch eine so ungewöhnliche Wandlungs- und Anpassungsfähigkeit entwickelt hat.

1 Inka Bach, Helmut Galle, Deutsche Psalmendichtung vom 16. bis zum 20. Jahrhundert, Berlin 1989, S. 19.

Das gilt auch für die immer neuen Eindeutschungsversuche. Auch sie umspannen ein breites Spektrum, vom Pathos bis zum Alltäglichen, vom Hymnischen bis zum Prosaischen, vom Archaisch-Fremden bis zu vielfältigen Versuchen der Modernisierung in der Gegenwart. Martin Luther hat nicht weniger als drei vollständige deutsche Psalter erstellt – der Psalter war ihm, gut augustinisch, eine «kleine Bibel». «Auf das, wer die gantzen Biblia nicht lesen kündte, hätte hierin doch fast die gantze Summa verfasset in ein klein Büchlin.»[2] Die Psalmentexte hinterließen breite Spuren in der deutschen Literatur[3] – und ebenso in der Musik[4]. Aus jüngerer Zeit seien die bekannten Neuübersetzungen Romano Guardinis (1950), Martin Bubers (1958) und Arnold Stadlers (1999) genannt.

Die Psalmen als Sprache der Juden und Christen – sind sie auch die Sprache der Muslime? Sind sie ein Gemeingut der drei abrahamitischen Religionen, ein gemeinsamer Vorrat ihrer Poesie? Ganz offensichtlich

2 Zit. bei Bach-Galle (wie Anm. 1), S. 87.

3 Summarisch seien der deutsche Hugenottenpsalter Ambrosius Lobwassers (1573), Paul Flemings Bußpsalmen (1632) und der «Kühlpsalter» Quirinus Kuhlmanns (1677) erwähnt. Die freien Aneignungen seit dem 18. Jahrhundert reichen von Klopstock, Herder und Brentano bis zum Expressionismus und bis zu Becher, Brecht, Celan.

4 Höhepunkt auch hier das Barockzeitalter mit Michael Praetorius' Polyhymnia Caduceatrix (1619), Heinrich Schütz' Psalmen Davids (1619) und «Israels Brünnlein» von Johann Hermann Schein (1623). Volkstümlich weitverbreitet war die Liedsammlung «Harpffen Davids mit teutschen Saiten bespannet» (1659).

nicht – oder sagen wir vorsichtiger: noch nicht. Wohl gibt es – vom europäischen Standort her gesehen – formale Berührungen zwischen der Dichtung der Hebräer und der Altorientalen: die Fülle der Bilder, der Vorrang des Gesprochenen und Gesungenen, die Schwere der gutturalen, palatalen und velaren Laute, die befeuernde rhythmische Kraft. Doch stärker sind die Unterschiede. Vor allem die Erhöhung des Arabischen zur heiligen Sprache, zum Gefäß des «unerschaffenen Wortes Gottes» im Islam schuf Abgrenzungen und eine Hierarchie unter den orientalischen Sprachen – und richtete erst recht Barrieren auf zur Sprache der Hebräer, zur jüdischen und christlichen Bibel. Gibt es etwas Ähnliches wie «Psalmen Davids» im Koran? Man kann sich Auslegungen, die in diese Richtung gehen – einstweilen noch – kaum vorstellen. «Mohammed wehrte sich heftig gegen die Behauptung, ein Dichter zu sein, obgleich die klingende Reimprosa und die kühnen Bilder seiner frühen Offenbarungen den Vergleich nahelegten.»[5]

Es ist ein beherzter, fast verwegener Versuch, Psalmen aus islamischem Geist in heutiger Sprache zu ersinnen und sich mit ihnen an ein zeitgenössisches Publikum zu wenden. Der aus Persien stammende, deutsch schreibende Lyriker SAID wagt als erster diesen Ver-

5 So Annemarie Schimmel im Nachwort zu: Lyrik des Ostens, hg. von Wilhelm Gundert, Annemarie Schimmel und Walther Schubring, München 1952, S. 474.

such. In 99 Psalmen – fast alle mit dem Anruf «herr» beginnend und dadurch zur Einheit zusammengefaßt – läßt SAID Gefühle, Erfahrungen, Stimmungen anklingen, wie sie sich auch in den biblischen Psalmen finden: von Erhebung, Lob, Dank, Begeisterung, Jubel bis zum Ausdruck der Melancholie, der Klage und Anklage, der Zerknirschung und Verzweiflung, manchmal des Aufschreis und der Lästerung.

Es sind moderne, heutige Psalmen, nicht archaisierend, sondern gegenwärtig, nicht überquellend von Bildern, sondern nach dem knappsten Ausdruck suchend, nicht elegisch mit Gott Zwiesprache haltend, sondern ihm Aug in Aug gegenübertretend. Oft ist der Ton spielerisch, an Bilder von Paul Klee erinnernd: «... auf dem blechernen fensterbrett laufen engel umher / stolz auf ihre nutzlosigkeit / und rufen neue götter aus.» (S. 72). Engel befragen jeden Mond «nach einem gott / der schön ist und breschen ins meer schlägt / nasse pilger empfängt und / maulbeerbäume mit salzfischen versöhnt» (S. 100). Dann wieder verdichtet sich der SAIDsche Psalm zu einem nachdrücklichen Gebet (ein Wort, das häufig vorkommt und ein Kontinuum bildet): «... jemand muß für uns beten / oh herr / damit der fluch der leeren gebete aufhöre» (S. 84). «... ich aber vertraue meinem gebet / dem alten brandstifter» (S. 92).

Heimlich paktiert der Autor mit Gott gegen die «gottes-

besitzer» (S. 92). Er sucht einen Gott, «der uns mit seiner vernunft nicht erstickt» (S. 52). Im Gespräch mit dem «herrn», dem der 99fache Anruf gilt, schlägt der Dichter neue Töne an. Er psalmodiert mit Gott auf unverwechselbare Art, im Tonfall unseres Jahrhunderts. Seine reimlosen Anrufungen sind weit entfernt von der alten Unterwürfigkeit des Menschen, der vor Gottes Majestät «im Staub liegt» – aber ebenso meiden sie den seit Rilke und Brecht in vielen säkularisierten Psalmtexten allzu üblich gewordenen kumpelhaften Duzton. Denn der Gott dieser Psalmen ist ein abgründiger Gott – ein Gott nach Auschwitz, Hiroshima, Srebrenica (S. 9). Auf ihn läßt sich nicht einfach bauen. Er ist – selbst schutzlos – kein Schutzwall mehr. Doch ist er «vielleicht ein kiesel / den ich stets in der tasche trage» (S. 51). «siehe herr / ich schweige nicht / aber bist du meines wortes würdig?» (S. 94).
SAID bezeichnet sich nicht als Moslem und nicht als Gläubigen. Er hat Persien früh verlassen, Gewalt im Islam ist ihm aus eigener Erfahrung bekannt, von der europäischen Welt, in der er seit Jahrzehnten lebt, hat er Geduld und Toleranz gelernt. Doch die ältere Welt, in der er aufwuchs, läßt ihn nicht los, die islamische Kindheit bleibt Teil seines Gedächtnisses und seiner Poesie. Unvermittelt heißt es im Psalm auf Seite 89: «... laß mich dem gott der kindertage treu bleiben / der licht und linderung spendete / und uns erhörte im nie-

mandsland / zwischen ankunft und flucht». So ist er legitimiert, eine Brücke zu schlagen zwischen Kulturen und Sprachen, Religionen und Gottesbildern. Die alten Psalmen hat er neu gehört, er hat sie neu gedichtet für unsere Gegenwart.

Hans Maier